Pour Salomé.
Claire Frossard

Petite Taupe
et le mystérieux inconnu

Texte d'Orianne Lallemand
Illustrations de Claire Frossard

AUZOU

C'est la fin de l'été dans la forêt.
Petite Taupe lit tranquillement dans son jardin.
« Comme il fait doux, se réjouit-elle.
Et comme ce petit vent est agréable ! »

Tiens ! Mais qui voilà ?
C'est Léon-Hérisson et Jean-Lapin.

« Bonjour Petite Taupe ! dit Jean-Lapin.
Connais-tu la nouvelle ? Un étranger s’est installé dans la grotte abandonnée. Il paraît qu’il est bizarre…

– Vraiment ? s'étonne Petite Taupe. À quoi ressemble-t-il ?
– Je ne sais pas, il ne sort que le soir.
– Mmmm… », fait Petite Taupe.

Léon le hérisson se mêle à la conversation.
« Moi, en tout cas, je n'irai pas le voir !
Il n'est même pas venu se présenter. Il n'aime pas les gens, je vous le dis ! C'est un malpoli.
– Mmmm…, fait Petite Taupe. Vous croyez ? »

Arrive Hubert le hibou.
« Toute la nuit, j’ai entendu des cris et des pleurs, raconte-t-il.
Et PI-PIII ! et PI-PIII !
Cela m’a fendu le cœur ! J’ai frappé à la porte de la grotte, mais personne n’a ouvert…

– Et si l'étranger avait des prisonniers ? murmure Léon, alarmé.
– Mmmm…, fait Petite Taupe. Qui veut une tasse de thé ? »

Arrive Jojo le blaireau.
« Quelqu'un s'est installé dans la grotte, annonce-t-il.
Il paraît qu'il se cache…
– Il manigance quelque chose, c'est certain »,
intervient Jean-Lapin.

À ce moment, **FROU-FROU !** Le vent se lève et les arbres se mettent à trembler. Les animaux se regardent, effrayés. « Mmmm…, fait Petite Taupe. Il est temps de rentrer. »

Arrivent Jules l’écureuil et Milly-Mésange.
« Quelqu’un a volé mes biscuits aux noisettes !
crie l’écureuil.

– Quelqu'un a volé ma jolie couette qui séchait !
s'égosille la mésange.
– C'est l'étranger ! crient les autres en chœur.
– Mmmm…, fait Petite Taupe. Comme vous y allez ! »

Arrive Clara-Mulot au petit trot. Elle est affolée.
« L'étranger, je l'ai vu ! hurle-t-elle, éperdue.
C'est un monstre ! Il a des yeux rouges, une cape noire, des dents pointues. Il s'est approché de moi !
– Ahhhhh ! font les amis, terrifiés.

– Qu’est-ce qu’il voulait ? demande Petite Taupe.
– Me manger, je parie ! crie la petite souris.
– Mmmm… », fait Petite Taupe.

En un clin d'œil, la compagnie épouvantée
disparaît dans la nuit.

CLAC, CLAC, CLAC !

font les portes et les volets des nids et des terriers.

De son côté, Petite Taupe prépare un panier.
Elle y met des fruits, des vers de terre séchés,
une bouteille de lait et une lampe de poche.
« Mmmm…, fait-elle, allons résoudre ce mystère. »

Devant la grotte, **TOC, TOC, TOC !**
Petite Taupe frappe à la porte. Personne ne répond. Sans hésiter, elle pousse le loquet… et disparaît dans l'obscurité.

Comme il fait noir ! Petite Taupe allume
sa lampe et avance dans le couloir.
« Qui va là ? » crie une voix apeurée.

Le lendemain, TOC, TOC, TOC !
Armand le loup rend visite à Petite Taupe. Mais son amie n'est pas chez elle. Très inquiet, il fait le tour de la forêt : personne ne l'a vue, Petite Taupe a disparu !

« Et si l'étranger avait attrapé notre Petite Taupe ? s'inquiète Jean-Lapin.
– Il faut la délivrer ! crie Jojo le blaireau.
Tous à la grotte ! »

Le cortège s'arrête devant la grotte et **BANG !**
Armand ouvre la porte en grand.
« À l'attaque ! crient les amis.
– Pour notre Petite Taupe chérie ! » renchérit Jojo le blaireau.

Et les voilà dedans.

« Quelle drôle de façon d'entrer dans une maison ! les gronde Petite Taupe. Je vous présente Brunelle la pipistrelle, et voici ses quatre petits. »

Une jolie chauve-souris les regarde d'un air effrayé.
« Je suis désolée d'avoir pris vos draps et vos biscuits, s'excuse-t-elle. Mes petits étaient affamés, ils avaient froid, ils n'arrêtaient pas de crier… »

« PI-PIII ! PI-PIII ! » font les petits.

« Mais il fallait venir nous voir ! On vous aurait aidée ! réagit Milly.
– Dans mon pays, on me chasse, on dit que je suis un monstre de la nuit, répond Brunelle. Comme vous, aujourd'hui. J'avais peur, je voulais protéger mes petits. »

Les animaux baissent la tête, tout penauds.
« Mmm ! Mmm ! Mmm ! » fait Petite Taupe.

« Désolés de vous avoir effrayée, dit Armand.
Veuillez nous pardonner.
– On s'est conduits comme des idiots, avoue Clara-Mulot.
– On a agi comme des vilains, reconnaît Jean-Lapin.
– Mais on va se rattraper ! » termine Jojo.
Aussitôt, quel va-et-vient dans la grotte ! Les uns apportent un lit, des chaises, les autres des tapis, des rideaux, un frigo…

À la fin de la journée, dans la petite grotte, toute la famille est installée !
« Merci, merci, répète la petite chauve-souris. Je n'en mérite pas tant !

– Tu es chez toi maintenant, sourit Petite Taupe. Bienvenue dans la forêt ! »

Correctrices : Laëtitia Robic et Christel Desmaris

Loi n° 49-956 du 16 juillet 1949 sur les publications destinées à la jeunesse,
modifiée par la loi n° 2011-525 du 17 mai 2011.

Dépôt légal : avril 2022.

MES P'TITS ALBUMS

La solidarité

Noël / l'entraide

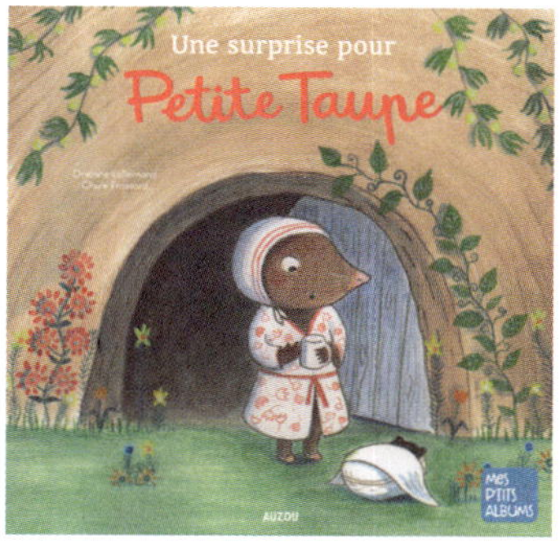

La naissance / l'anniversaire

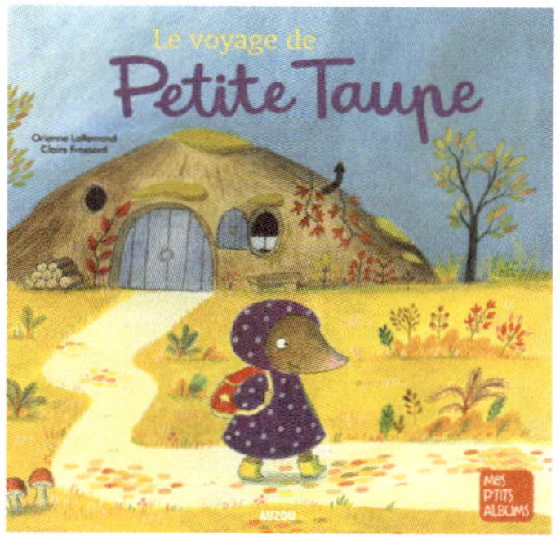

L'aventure / l'apprentissage des chiffres

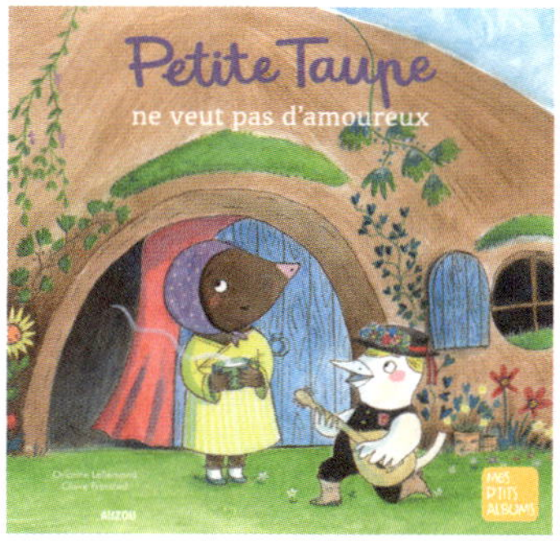

L'amour / la tolérance

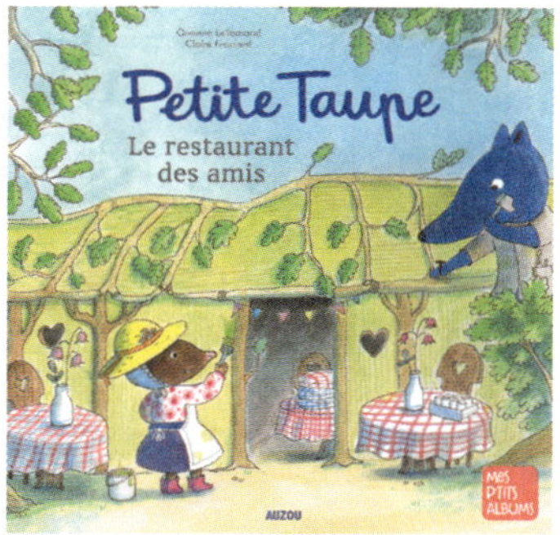

Les préjugés / la solidarité

MES GRANDS ALBUMS

La solidarité

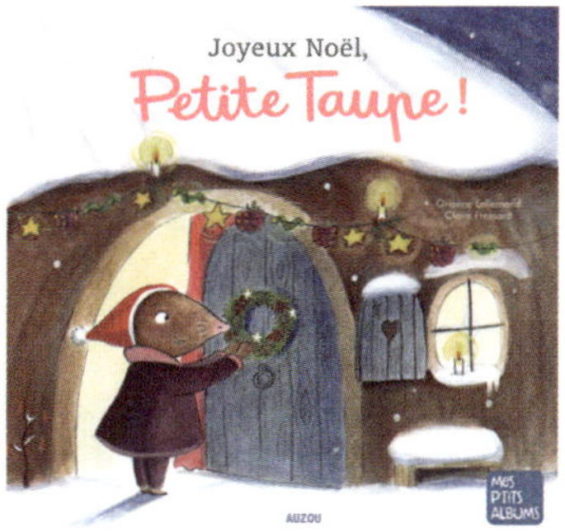

Noël / l'entraide

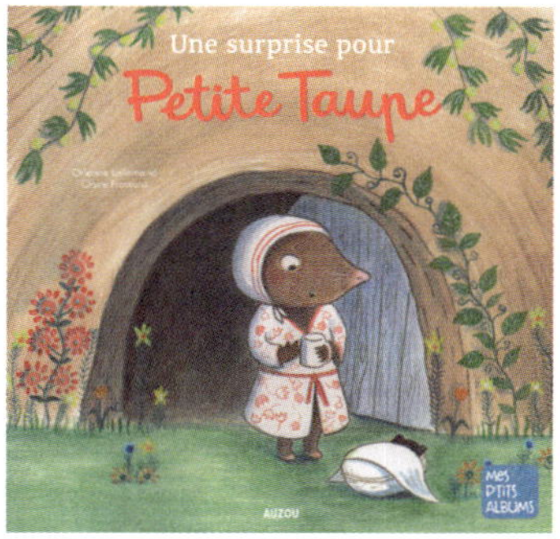

La naissance / l'anniversaire

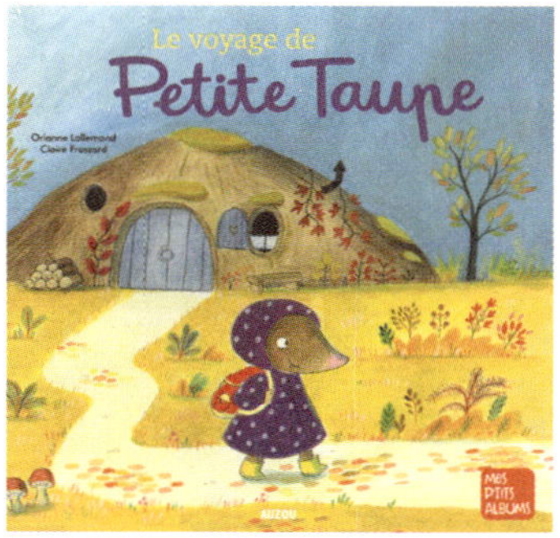

L'aventure / l'apprentissage des chiffres

L'entraide

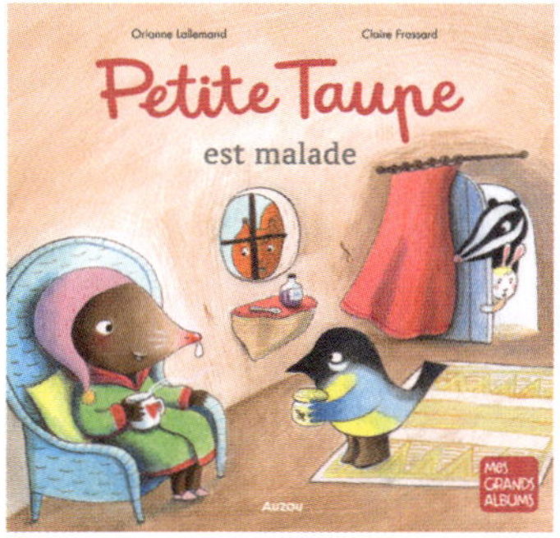

La maladie / la varicelle